BEI GRIN MACHT SICH IHR WISSEN BEZAHLT

- Wir veröffentlichen Ihre Hausarbeit,
  Bachelor- und Masterarbeit

- Ihr eigenes eBook und Buch -
  weltweit in allen wichtigen Shops

- Verdienen Sie an jedem Verkauf

Jetzt bei www.GRIN.com hochladen und kostenlos publizieren

Trainingslehre I. Kraftplanung Mesozyklus und Makrozyklus

GRIN ☺

Bibliografische Information der Deutschen Nationalbibliothek:

Die Deutsche Nationalbibliothek verzeichnet diese Publikation in der Deutschen Nationalbibliografie; detaillierte bibliografische Daten sind im Internet über http://dnb.d-nb.de abrufbar.

ISBN: 9783346693068
Dieses Buch ist auch als E-Book erhältlich.

© GRIN Publishing GmbH
Nymphenburger Straße 86
80636 München

Alle Rechte vorbehalten

Druck und Bindung: Books on Demand GmbH, Norderstedt Germany
Gedruckt auf säurefreiem Papier aus verantwortungsvollen Quellen

Das vorliegende Werk wurde sorgfältig erarbeitet. Dennoch übernehmen Autoren und Verlag für die Richtigkeit von Angaben, Hinweisen, Links und Ratschlägen sowie eventuelle Druckfehler keine Haftung.

Das Buch bei GRIN: https://www.grin.com/document/1254984

Deutsche Hochschule für

Prävention und Gesundheitsmanagement

Hermann Neuberger Sportschule 3

66123 Saarbrücken

Einsendeaufgabe

Fachmodul: Trainingslehre I

Studiengang: Sportökonomie

Datum
Präsenzphase: 07.12.2020 bis 10.12.2020

Studienort: Hamburg

Semester: Wintersemester 2020

Inhaltsverzeichnis

1 Diagnose

Um den Trainingszustand zu bestimmen, werden im Folgenden die allgemeinen und biometrischen Daten meines Klienten bestimmt. Diese Daten werden benötigt, um einen optimalen Trainingsplan zu erstellen und die gewünschten Ziele des Klienten zu erreichen.

1.1 Allgemeine und biometrische Daten

Tabelle 1: Allgemeine und biometrische Daten des Klienten (eigene Darstellung)

Daten zur Person	Daten
Geschlecht	Männlich
Alter	30
Körpergröße	180 cm
Gewicht	85 kg
Aktuelle sportliche Aktivität	1 Mal pro Woche Fußball (niedrige Intensität)
Frühere sportliche Aktivität	1-2 Mal pro Woche Fußball (niedrige Intensität)
Zeitlicher Verfügungsrahmen	2-3 Mal pro Woche
Trainingsziele	Gewichtsreduktion, Muskelaufbau
Berufliche Tätigkeit	Informatiker
Blutdruck	122/82 mmHg
Internistische Beschwerden	keine
Orthopädische Beschwerden	keine
Ärztliche Behandlungen	keine
Medikamente	keine

In der vorangehenden Tabelle sind alle allgemeinen und biometrischen Daten meines Klienten aufgelistet, die relevant zur Trainingsgestaltung sind. Aufgrund dieser Daten ist mein Klient, laut Weltgesundheitsorganisation, im leichten Übergewicht. Die Rechnung ergibt einen Body-Mass-Index-Wert von 26,23. Um einen Body-Mass-Index-Wert im normalen Bereich zu erreichen ist ein Wert von 24,99 wünschenswert (WHO BMI classification, nach WHO, 2004).

Die folgende Tabelle stellt die verschiedenen Blutdruckklassifikationen dar.

Tabelle 2: Blutdruckklassifkation der Europäischen Gesellschaft für Kardiologie (ESC) und der Europäischen Gesellschaft für Hypertonie (ESH) (Williams et al., 2018)

Kategorie	Systolisch (mmHg)		Diastolisch (mmHg)
Optimal	<120	und	<80
Normal	120 bis 129	und/oder	80 bis 84
Hochnormal	130 bis 139	und/oder	85 bis 89
Hypertonie Grad 1	140 bis 159	und/oder	90 bis 99
Hypertonie Grad 2	160 bis 179	und/oder	100 bis 109
Hypertonie Grad 3	>180	und/oder	>110
Isolierte systolische Hypertonie	>140	und	<90

Der Blutdruck meines Klienten liegt mit einem Wert von 122/82 mmHg im normalen Bereich und bedeutet das in der Trainingsgestaltung auf keinerlei Einschränkungen zu achten sind.

Aufgrund der Eigenschaften meines Klienten stufe ich die Trainierbarkeit als gut ein, weil keine körperlichen Einschränkungen vorhanden sind. Zusätzlich befindet sich mein Klient weder in ärztlicher Behandlung noch ist er auf Medikamente angewiesen. Aufgrund der körperlichen Eigenschaften und Einschränkungsfreiheit meines Klienten, stufe ich die Trainierbarkeit als gut ein. Aufgrund der mangelnden Erfahrung in einem Fitnessstudio und der geringen Aktivität (einmal pro Woche Fußball), sollte ein einsteigergerechtes Training durchgeführt werden. Mein Klient wird folglich als Neueinsteiger klassifiziert.

Der zeitliche Verfügungsrahmen von zwei bis drei Mal pro Woche ist als optimal einzustufen (Ralston, Kilgore, Wyatt, Buchan & Baker, 2018).

1.2 Krafttestung

Tabelle 3: Krafttest: X-RM-Methode/Mehrwiederholungskrafttest (eigene Darstellung)

Übung	Wiederholungen	1. Satz	2. Satz	3. Satz	Ergebnis
Beinpresse	15	40 kg	45 kg	50 kg	50 kg
Brustpresse	15	20 kg	25 kg	27,5 kg	27,5 kg
Rudergerät	15	25 kg	30 kg	-	30 kg
Bauchpresse	15	15 kg	17,5 kg	20 kg	20 kg
Rumpfextension	15	15 kg	20 kg	22,5 kg	22,5 kg

Bei der Krafttestung wähle ich die X-RM-Methode/Mehrwiederholungskrafttest, bei der wir für jede Übung 15 Wiederholungen in maximal drei Testsätzen durchführen. Bei diesem Test kann sich mein Klient vorsichtig an das niedrige Gewicht und an die Bewegungsabläufe gewöhnen. Die X-RM-Methode ist für Trainingseinsteiger sehr gut geeignet, weil durch die niedrige Last das Verletzungsrisiko sinkt und gleichzeitig die richtige Technik durch viele Wiederholungen erlernt werden kann. Bevor mein Klient diese Krafttestung durchführt, erfolgt ein allgemeines fünfzehnminütiges Aufwärmen auf einem Crosstrainer. Bei diesem Gerät wird der ganze Körper optimal auf die Belastung vorbereitet. Zusätzlich wärmt sich mein Klient vor jeder Übung mit 50% des vorgesehen Testgewichts, welches von mir bestimmt wird, auf.

Beim ersten Satz wird das Gewicht so eingestellt, dass mein Klient die vollen 15 Wiederholungen schafft. Je nach Empfinden des Klienten und der Beurteilung des Trainers kann das Gewicht im ersten Satz erhöht oder gesenkt werden. Bei jedem Satz wird das Gewicht sukzessiv erhöht, um nach dem dritten Satz ein Kraftergebnis zu erhalten (siehe Tabelle 3).

Mein Klient startet mit der Beinpresse. Mein empfohlenes Gewicht von 40 kg bewältigt mein Klient ohne Probleme. Im zweiten Satz wird auf 45 kg erhöht und im dritten Satz schließlich auf 50 kg. Das Kraftergebnis liegt bei 50 kg.

Die zweite Übung ist die Brustpresse. Der erste Satz startet mit 20 kg und wird im zweiten Satz auf 25 kg erhöht. Der dritte Satz wird mit einem Gewicht von 27,5 kg abgeschlossen. Somit liegt das Kraftergebnis bei 27,5 kg.

Anschließend testen wir die Übung am Rudergerät. Im ersten Satz starten wir mit 25 kg und erhöhen im zweiten Satz auf 30 kg. Der dritte Satz wird bei dieser Übung nicht benötigt, da mein Klient bereits das Gewicht zur Auslastung erreicht hat. Das Kraftergebnis liegt bei 30 kg.

Die vierte Übung ist die Bauchpresse. Im ersten Satz starten wir mit 15 kg. Im zweiten Satz wird auf 17,5 kg erhöht um dann im dritten Satz bei 20 kg zu erreichen. Das Kraftergebnis liegt somit bei 20 kg.

Die letzte Übung ist die Rumpfextension. Das Startgewicht beträgt 15 kg und wird im zweiten Satz auf 20 kg erhöht. Im dritten Satz wird das Gewicht nur um 2,5 kg erhöht. Das Kraftergebnis hier beträgt 22,5 kg.

Aufgrund der tabellarischen Dokumentation des Mehrwiederholungstests kann mein Klient einen Leistungsvergleich am Ende seines Trainingsplanes ziehen. Aus diesen Kraftergebnissen kann man mithilfe der ILB-Methode (Individuelle-Leistungsbild-Methode) eine Trainingsplanung mit einer Intensität von 50-70% ableiten. Bei voranschreitender Trainingsdauer lässt sich der Krafttest mit einer Leistungssteigerung (Progression) bewältigen.

2 Zielsetzung/Prognose

Mein Klient gab als Ziel Gewichtsreduktion und Muskelaufbau an. Dadurch lassen sich die folgenden Ziele definieren.

Tabelle 4: Abgeleitete Trainingsziele (eigene Darstellung)

Inhalt	Ausmaß	Zeit
Körperfettabbau	Von 24% auf 21,5%	8 Wochen
Bauchumfang reduzieren	Von 88 cm auf 84 cm	6 Wochen
Muskelaufbau	+ 4 kg Muskelmasse	10 Wochen

In den ersten acht Wochen steht der Fokus auf dem Körperfettabbau. Mein Klient wünscht sich einen definierten Körper, weshalb das Ziel der ersten acht Wochen eine Reduzierung des Körperfettanteils von 24% auf 21,5% vorsieht. Aufgrund der veränderten Trainingsbelastung steigt der Kalorienverbrauch meines Klienten. Zusätzlich sollte eine Ernährungsoptimierung dazu beitragen, das Ziel zu erreichen.

Das zweite Ziel fokussiert sich auf die Reduzierung des Bauchumfanges von 88 cm auf 84 cm. Aufgrund der ersten acht Wochen des Körperfettabbaus, haben wir zu diesem Zeitpunkt bereits optimale Bedingungen geschaffen. Das Training fokussiert sich nun auf die Straffung des Bauchbereiches durch gezielte Bauchübungen und Cardio.

Das dritte und längste Ziel besteht aus dem allgemeinen Muskelaufbau. Nach den zwei Zielen des Körperfettabbaus und der Reduzierung des Bauchumfangs, herrscht nun eine gute Trainingsgrundlage um die Muskelmasse um vier Kilogramm zu erhöhen. Mein Klient möchte nicht nur Gewicht verlieren, sondern auch einen ästhetisch geformten Körper.

3 Trainingsplanung Makrozyklus

Tabelle 5: Trainingsplanung Makrozyklus (eigene Darstellung)

	Mesozyklus 1	Mesozyklus 2	Mesozyklus 3	Mesozyklus 4
Zyklusdauer	8 Wochen	6 Wochen	6 Wochen	8 Wochen
Trainingsziel	Kraftausdauer	Kraftausdauer	Muskelaufbau (extensiv)	Muskelaufbau (intensiv)
Einheiten/Woche	2	2-3	3	3
Organisationsform	Kreistraining	Kreistraining	Stationstraining	Stationstraining
Übungen/Muskel	1-2	1-2	1-2	1-2
Sätze/Übung	2	3	3	3
Satzpause	60 Sek.	60 Sek.	90 Sek.	80 Sek.
Wiederholungen	15	15-20	12	8
Intensität	50-70% ILB	50-70% ILB	60-80% ILB	60-80% ILB
Bewegungstempo	moderat	moderat	moderat	moderat

3.1 Begründung Trainingsmethode

Da mein Klient als Trainingseinsteiger klassifiziert wurde, eignet sich in den ersten beiden Zyklen das Kraftausdauertraining. Der Fokus bei dieser Methode liegt auf einer geringen Gewichtslast mit vielen Wiederholungen, um eine optimale Koordination und Technik zu erlernen (Haber, 2018, S.149). Das Verletzungsrisiko ist niedrig und die Muskeln, Sehnen, Gelenke und Bänder können sich an die Belastung gewöhnen, um ein Fundament zu bilden, welches zum Muskelaufbau dient (Zatsiorsky & Kraemer, S.216). Nach den ersten acht Wochen ändert sich die Intensität nur leicht. Die Sätze pro Übung sowie die Wiederholungen steigen.

Die nächsten beiden Zyklen fokussieren sich auf den extensiven Muskelaufbau und den intensiven Muskelaufbau (Güllich & Schmidtbleicher, 1999, S.232). Der Fokus liegt hier auf höherer Last mit weniger Wiederholungen um einen Hypertrophiereiz zu gewährleisten. Auch hier unterscheiden sich beide Zyklen nur leicht, indem die Wiederholungen und die Satzpausen sinken.

Bei diesem Makrozyklus werden die Wünsche meines Klienten voll berücksichtigt. Die Trainingsziele und die Trainingsmethoden decken sich, da in den ersten beiden Mesozyklen die Gewichtsreduktion im Vordergrund steht und daran anschließend der Muskelaufbau angestrebt wird.

3.2 Begründung Belastungsparameter

Zu Beginn des Makrozyklus startet mein Klient mit zwei Einheiten pro Woche um sich an die steigende Belastung zu gewöhnen und das Training in den Alltag zu integrieren. Es werden ein bis zwei Übungen pro Muskel mit einer Satzpause von 60 Sekunden und mit einer Intensität von 50-70% ILB durchgeführt. Im zweiten Mesozyklus werden die Sätze pro Übung von zwei auf drei erhöht und die Wiederholungen steigen auf bis zu 20. Ab dem dritten Zyklus steigt die Intensität auf 60-80% ILB, um in weniger Wiederholungen einen steigenden Hypertrophiereiz zu gewährleisten. Die Einheiten pro Woche steigen auf drei und mein Klient ist zu diesem Zeitpunkt als Trainingsgeübter klassifiziert (Güllich & Schmidtbleicher, 1999, S.232).

Jeder beschriebene Belastungsparameter intensiviert sich im Laufe des Makrozyklus, um eine progressive Leistungssteigerung meines Klienten zu erwirken und somit seine Ziele der Gewichtsreduktion und des Muskelaufbau zu erreichen.

3.3 Begründung Organisationsformen

In den ersten beiden Zyklen startet mein Klient mit einem Kreistraining um möglichst viele Muskelgruppen in Form eines Ganzkörpertrainings abzudecken. So kann sich der gesamte Körper an die Belastung gewöhnen. Mit den Basisgeräteübungen der Krafttestung werden zwei Sätze pro Gerät absolviert (siehe Tabelle 3: Krafttest: X-RM-Methode/Mehrwiederholungskrafttest).

Ab dem zweiten Zyklus wechselt mein Klient vom Kreistraining in das Stationstraining um eine größere Auswahl an Übungen und Geräten nutzen zu können. Somit wechselt das Training vom Kraftausdauertraining in das Muskelaufbautraining (Haber,2008), um die Ziele meines Klienten zu verwirklichen.

3.4 Begründung Periodisierung

Der gesamte Makrozyklus umfasst einen Zeitraum von sieben Monaten (28 Wochen) und wird in vier Mesozyklen unterteilt. Der erste Mesozyklus umfasst eine Zeit von acht Wochen, um eine optimale Eingewöhnungszeit an die neuen Trainingsreize des Klienten zu gewährleisten. Die darauffolgenden zwei Mesozyklen umfassen jeweils nur eine Zeit von sechs Wochen. Im letzten Mesozyklus wird die Zeit wieder auf acht Wochen erhöht um das Ziel des Muskelaufbau zu erreichen.

Damit die Ziele meines Klienten erreicht werden, muss eine systematische Veränderung der Belastungsparameter und der Trainingsreize erfolgen. Dabei wechselt die Trainingsmethode von Kraftausdauer zu Muskelaufbau und die Organisationsform von Kreistraining zu Stationstraining.

4 Trainingsplanung Mesozyklus

Tabelle 6: Mesozyklus zwei (eigene Darstellung)

Zyklusdauer: 6 Wochen	Sätze pro Übung: 3
Trainingsziel: Gewichtsreduktion	Satzpausen: 60 Sekunden
Einheiten/Woche: 2-3	Wiederholungen: 15-20
Organisationsform: Kreistraining	Intensität: 50-70% ILB
Übungen pro Muskelgruppe: 1-2	Bewegungstempo: moderat

Die Tabelle 6 stellt den zweiten Mesozyklus im Makrozyklus dar und nimmt einen Zeitumfang von sechs Wochen ein. Das Ziel meines Klienten, die Gewichtsreduktion, wird durch ein Kreistraining (15 bis 20 Wiederholungen und drei Sätze pro Übung) bewältigt. Die Übungen werden mit einer Intensität von 50-70% ILB und einer Satzpause von 60 Sekunden durchgeführt.

Tabelle 7: Übungsauswahl Mesozyklus zwei (eigene Darstellung)

Übungen	Beinpresse	Brustpresse	Rudergerät	Bauchpresse	Rumpfextension
WH	15	15	15	15	15
1. Woche	25 kg (50% ILB)	13,75 kg (50% ILB)	15 kg (50% ILB)	10 kg (50% ILB)	11,25 kg (50% ILB)
2. Woche	25 kg (50% ILB)	13,75 kg (50% ILB)	15 kg (50% ILB)	10 kg (50% ILB)	11,25 kg (50% ILB)
3. Woche	30 kg (60% ILB)	16,5 kg (60% ILB)	18 kg (60% ILB)	12 kg (60% ILB)	13,5 kg (60% ILB)
4. Woche	30 kg (60% ILB)	16,5 kg (60% ILB)	18 kg (60% ILB)	12 kg (60% ILB)	13,5 kg (60% ILB)
5. Woche	30 kg (60% ILB)	16,5 kg (60% ILB)	18 kg (60% ILB)	12 kg (60% ILB)	13,5 kg (60% ILB)
6. Woche	35 kg (70% ILB)	19,25 kg (70% ILB)	21 kg (70% ILB)	14 kg (70% ILB)	15,75 kg (70% ILB)

4.1 Begründung Geräteauswahl

Die Übungsauswahl beschränkt sich ausschließlich auf Gerätetraining, da diese Übungen eine sehr leichte Ausführung besitzen und diese eine geringe Komplexität aufweisen. Dem Klienten fällt der Einstieg in das ungewohnte Krafttraining leichter und das Verletzungsrisiko ist deutlich geringer als bei einem freien Training. Zusätzlich werden bei diesen mehrgelenkigen Übungen alle großen Muskelgruppen trainiert, um ein Ganzkörpertraining zu gewährleisten.

4.1.1 Beinpresse

Die erste Übung ist die Beinpresse. Hierbei handelt es sich um eine mehrgelenkige Übung (Knie- und Hüftgelenk) für die Beine. Es werden M. quadriceps femoris, M. gluataeus maximus, M. biceps femoris, M. semitendinosus und M. semimembranosus trainiert. Diese Übung deckt also eine große Vielfalt von Muskeln ab und ist eine technisch einfache Übung. Die Beanspruchung der großen Muskelgruppen führt zu einer Fettreduktion (hoher Energieverbrauch) und deckt sich deshalb mit den Zielen meines Klienten.

4.1.2 Brustpresse

Die zweite Übung ist die Brustpresse. Es handelt sich hier um eine mehrgelenkige Übung (Schulter- und Ellenbogengelenk). Es werden M. pectoralis major, M. deltoideus pars acromialis, M. deltoideus pars clavicularis und M. triceps brachii trainiert. Diese Übung deckt also ebenfalls eine große Vielfalt von Muskeln ab und ist eine technisch einfache Übung. Die Beanspruchung der großen Muskelgruppen führt zu einer Fettreduktion (hoher Energieverbrauch) und deckt sich deshalb mit den Zielen meines Klienten. Zusätzlich wird der Oberkörper des Klienten stabilisiert, um potenziellen Rückenproblemen im Beruf als Informatiker, präventiv entgegenzuwirken.

4.1.3 Rudergerät

Die dritte Übung ist das Rudergerät. Es handelt sich auch hier um eine mehrgelenkige Übung (Schulter- und Ellenbogengelenk). Es werden M. latissimus dorsi, M. teres major, M. trapezius pars transversa, Mm. Rhomboidei, M. deltoideus pars spinata, M. biceps brachii, M. brachialis und M. brachioradilis trainiert. Auch hier deckt die Übung eine große Vielfalt von Muskeln ab und ist eine technisch leichte Übung. Die Beanspruchung der großen Muskelgruppen führt hier ebenfalls zu einer Fettreduktion (hoher Energieverbrauch) und deckt sich deshalb mit den Zielen des Klienten.

4.1.4   Bauchpresse

Die vierte Übung ist die Bauchpresse. Es werden M. rectus adominis, M. obliquus externus abdominis, M. obliquus internus abdominis, M. transversus abdominis und M. iliopsoas trainiert und es wird über das Hüftgelenk gearbeitet. Die Übung deckt ebenfalls eine große Anzahl an Muskeln ab und ist eine technisch einfache Übung. Die Beanspruchung der großen Muskelgruppen führt hier ebenfalls zu einer Fettreduktion (hoher Energieverbrauch) und deckt sich mit den Zielen meines Klienten.

4.1.5   Rumpfextension

Die letzte Übung vervollständigt das Ganzkörpertraining. Es wird hauptsächlich über das Hüftgelenk gearbeitet und somit der Mm. erector spinae (autochthone Rückenmuskulatur) trainiert. Diese Übung dient zur Kräftigung der Rumpfmuskulatur und ist sehr wichtig für den Alltag meines Klienten. Zusätzlich ist diese Übung technisch einfach zu bewältigen und deshalb sehr gut geeignet für meinen Klienten.

5   Literaturrecherche

Tabelle 8: Studie zu Krafttraining an konventionellen bzw. oszillierenden Geräten und Wirbelsäulengymnastik in der Prävention der Osteoporose bei postmenopausalen Frauen (eigene Darstellung)

Wer hat die Studie durchgeführt?	Siegrist M., Lammel, Jeschke D.
In welchem Jahr wurde die Studie publiziert?	2006
Welche Forschungsfrage wurde untersucht?	Es wurden die Effekte von verschiedenen Trainingsformen in Hinsicht auf Knochen, Muskelkraft, dynamische Leistungsfähigkeit und Befindlichkeit untersucht. In dieser 12-montigen Studie wurden zufällig gewählte postmenopausale Frauen gewählt.
Mit welchen Versuchspersonen wurde die Studie durchgeführt?	69 osteopenische, postmenopausale Frauen
Wie sah der Versuchsaufbau der Studie aus?	Alle Frauen nahmen zweimal die Woche an einem Wirbelsäulengymnastikkurs teil

26 Frauen führten zusätzlich zweimal die Woche ein Krafttraining mit 60-80% des Einwiederholungsmaximus (1-RM) durch

23 Frauen führten zusätzlich zweimal die Woche ein Krafttraining mithilfe eines vibrierenden Trainingsgerätes (VT) durch.

Die restlichen 20 Frauen betrieben nur den oben genannten Wirbelsäulengymnastikkurs |
| Welche relevanten Ergebnisse und Schlussfolgerungen lieferte die Studie? | 13 der 69 Probandinnen brachen das Training aufgrund von privaten Gründen, akuten Erkrankungen, Knochenschmerzen oder Beschwerden im Rücken- und Kniebereich ab

An der LWS wurden keine Veränderungen oder Unterschiede bei allen Gruppen festgestellt

Frauen die das Krafttraining absolviert haben, verzeichneten eine Zunahme der Knochenfläche um 24,2% und eine Steigerung der maximalen Leistung um 8%

Bei allen Frauen gab es eine positive Veränderung des Wohlbefindens und der vorhandenen Rückenschmerzen aufgrund des Wirbelsäulengymnastik

Das progressiv, individuell und dosierbare Krafttraining ist als präventives Osteoporose-Training anzusehen |

Tabelle 9: Studie zur Verbesserung der Funktionskapazität, der Schmerzhaftigkeit und der Leistungsfähigkeit bei Patienten mit Osteoporose durch ein spezielles Sportrehabilitationstraining (eigene Darstellung)

Wer hat die Studie durchgeführt?	Franck H., Hohmann W.
In welchem Jahr wurde die Studie publiziert?	2001
Welche Forschungsfrage wurde untersucht?	Das Ziel der Studie war es, die Funktionskapazität, die Aktivitäten des täglichen Lebens und Schmerzskalen von Patienten mit Osteoporose im Vergleich zu Osteoarthrose zu bestimmen
Mit welchen Versuchspersonen wurde die Studie durchgeführt?	Es wurden 442 Patienten mit Osteoporose gewählt Davon sind 374 Frauen mit einem Durchschnittsalter von 53,7 Jahren und 68 Männer mit einem Durchschnittsalter von 52,8 Jahren Es wurden 283 Patienten mit Osteoarthrose gewählt Davon sind 156 Frauen mit einem Durchschnittsalter von 49,2 Jahren und 127 Männer mit einem Durchschnittsalter von 50,1 Jahren
Wie sah der Versuchsaufbau der Studie aus?	Mittels standardisierter Ergometrie (WHO-Stufentest) wurden die Funktionskapazität und die ergonometrisch wichtigen Kenndaten vor und nach einer vierwöchigen Testphase mit Sportrehabilitationstraining aufgezeichnet Das Sportrehabilitationstraining beinhaltete Reaktions-, Gleichgewichts-Koordinationstraining, Stretching als auch kräftigende Gymnastik (zweimal pro Woche sowie neunmal ein einstündiges Krafttraining) Zweimal pro Woche nahmen die Teilnehmer an rückengerechtem Schwimmen, einem Geh/Lauftraining, Wassergymnastik sowie Ergometrietraning von jeweils einer halben Stunde teil Zusätzlich wurde überprüft ob Patienten mit Osteoporose ein adäquates körperliches Leistungsverhalten zeigen und wie ihre eigene Einschätzung der körperlichen Aktivität und Leistung ist
Welche relevanten Ergebnisse und Schlussfolgerungen lieferte die Studie?	Die objektiven Leistungsparameter der Leistungssteigerung in der Funktionskapazität stiegen an und das subjektive Schmerzempfinden reduzierte sich deutlich Die Fähigkeit schwere Gegenstände zu tragen ist für Patienten mit Osteoporose sehr schwer, hier wurde eine signifikante Verbesserung erzielt

	Der Ruhepuls ist bei Patienten mit Osteoporose als auch bei Patienten mit Osteoarthrose nach dem vierwöchigen Sportrehabilitationstraining gesunken, die maximale Leistungsfähigkeit stieg an

6 Literaturverzeichnis

Franck, H. & Hohmann, W. (2001). Verbesserung der Funktionskapazität, der Schmerzhaftigkeit und der Leistungsfähigkeit bei Patienten mit Osteoporose durch ein spezielles Sportrehabilitationstraining. *Deutsche Zeitschrift für Sportmedizin*, 52,63-67. Zugriff am 17.12.2020 unter https://www.germanjournalsportsmedicine.com/fileadmin/content/archiv2001/heft02/a03_0202.pdf

Güllich A. & Schmidtbleicher D. (1999). Struktur der Kraftfähigkeit und ihre Trainingsmethoden. *Deutsche Zeitschrift für Sportmedizin*, 50 (7/8), 232.

Haber P. (2018). *10 allgemeine Grundregeln des Trainings. In: Leitfaden zur medizinischen Trainingsberatung* (4.Auflage). Springer, Berlin, Heidelberg.

Ralston, Kilgore, Wyatt, Buchan & Baker. (2018) *Weekly Training Frequency Effects on Strength Gain: A Meta-Analysis.*

Siegrist, M., Lammel, C., Jeschke, D. (2006). Krafttraining an konventionellen bzw. oszillierenden Geräten und Wirbelsäulengymnastik in der Prävention der Osteoporose bei postmenopausalen Frauen. *Deutsche Zeitschrift für Sportmedizin*. Zugriff am 17.12.2020 unter https://www.germanjournalsportsmedicine.com/fileadmin/content/archiv2006/heft07_08/182-188.pdf

Williams, B., Mancia, G., Spiering, W., Agabiti Rosei, E., Azizi, M., Burnier, M. et al. (2018). *Guidelines for the management for arterial hypertension.* Kommentar zu den Leitlinien der Europäischen Gesellschaft für Kardiologie (ESC) und der Europäischen Gesellschaft für Hypertonie (ESH), Eur Heart J 39:3021-3104.

WHO BMI classification (2004). Zugriff 16.12.2020 unter: http://www.assessmentpsychology.com/icbmi.htm

Zatsiorsky, V. & Kraemer W. (2016). *Krafttraining – Praxis und Wissenschaft* (S.216). Meyer & Meyer.

7 Tabellenverzeichnis

BEI GRIN MACHT SICH IHR WISSEN BEZAHLT

- Wir veröffentlichen Ihre Hausarbeit,
  Bachelor- und Masterarbeit

- Ihr eigenes eBook und Buch -
  weltweit in allen wichtigen Shops

- Verdienen Sie an jedem Verkauf

Jetzt bei www.GRIN.com hochladen
und kostenlos publizieren